EXPOSÉ DE MOTIFS

POUR LA REVENDICATION DE LA PROPRIÉTÉ EXCLUSIVE

DU PSEUDONYME NADAR.

MÉMOIRE

ADRESSÉ

A MM. LES MEMBRES DU TRIBUNAL DE COMMERCE DE LA SEINE :

LUCY SEDILLOT, président;
HOUETTE,
MOTTET.
GARNIER,
LANSEIGNE,

Siégeant le   mars 1856 (*).

DENIÈRE, président;
FORGET,
LOUVET,
BAPST,
CAILLEBOTE,
DROUIN,

Siégeant le 23 avril 1856.

Des motifs impérieux et des intérêts qui ne sont pas les miens seuls me forcent d'appeler les tribunaux à prononcer sur une question qu'il n'a pas dépendu de moi de vider autrement.

J'ai tenté depuis plus d'un an tous les moyens

(*) Après plusieurs remises successives, mes adversaires, ayant cru devoir se faire condamner par défaut, ont fait inscrire la cause sur un autre tableau.

D'autres considérations nouvelles nous ont alors tout à fait décidés à publier ce Mémoire que le premier avis de Me Cardozo, mon conseil, avait considéré comme superflu.

1856

préalables, j'ai épuisé les démarches et les intermédiaires, ainsi qu'il va être démontré, pour obtenir de mes adversaires une juste satisfaction.

C'est à eux que je veux laisser tout entière la responsabilité morale de l'action que je leur intente aujourd'hui.

L'écrivain et l'artiste cherchent généralement la rémunération de leurs travaux moins dans l'argent que dans la gloire. Si on le leur a même reproché souvent et sous toutes les formes, au moins ne leur a-t-on jamais contesté cette ambition légitime et désintéressée. A côté et au-dessous de quelques noms glorieux, d'autres, ne pouvant atteindre aussi haut, tâchent de se faire leur part de renommée, de réputation ou seulement de notoriété. Quelle que soit cette part, elle constitue une propriété non moins respectable et sacrée qu'aucune autre, dès lors qu'elle a été acquise par le labeur et consacrée par l'opinion, et grâce à l'appui que les droits de l'intelligence ont trouvé dans cette enceinte, la propriété littéraire et artistique est aujourd'hui une propriété.

Nul n'a le droit, si n'est Mme la baronne Dudevant, de signer du nom éclatant de George Sand : Nul n'a le droit, hors M. Paul Lacroix, de porter le nom du bibliophile Jacob ; nul n'a le droit de prendre à M. Chevalier son nom de Gavarni, à M. de Noé, son nom de Cham, à M. d'Arnous son nom de Bertall, etc.; et, si un faussaire voulait vendre une œuvre prétendue posthume du spirituel auteur de la *Chartreuse de Parme*, les héritiers de Beyle, gardiens naturels du nom de Stendhal, viendraient ici le défendre.

Si on considère, d'un autre côté, la question au point de vue des intérêts matériels, il est évident que le nom de l'artiste est une valeur d'autant plus grande que ce nom est plus et mieux connu. Dans les arts, comme dans l'industrie et le commerce, la réputation c'est l'argent, et toute renommée a sa formule monnayée équivalente.

Celui qui, pour s'adresser au public dont il est ignoré, prend le nom qu'un autre a fait connaître du public dans les arts, commet une usurpation non moins répréhensible et préjudiciable que le fabricant qui contrefait la marque du fabricant voisin.

Ces doctrines sont tellement élémentaires pour tout esprit juste qu'il y aurait à peine besoin de les énoncer une fois de plus ici, si le procès dont il s'agit ne démontrait qu'il est des gens auxquels il est nécessaire de les rappeler.

Dans ce singulier procès dont la question de mon identité fait le fond, je me trouve d'abord avoir à prouver que c'est moi qui suis moi. Sans me permettre de faire appel à la notoriété publique, je vais donc fournir des faits à l'appui.

J'ai signé pour la première fois en **1838** du pseudonyme *Nadar* (mon adversaire qui revendique ce nom avait alors treize ans) dans un journal qui paraissait à Paris à l'exemple et avec le titre du journal de Madrid *les Papillotes* (1). Je travaillais depuis près de deux ans, connu sous ce pseudonyme quoique sans le signer, la signature n'étant pas d'obligation alors, dans la *Revue-Gazette des Théâtres*.

(1) Pièces à l'appui.

J'ai, depuis cette époque, soit comme homme de lettres, soit comme dessinateur, signé de ce pseudonyme dans plusieurs publications périodiques : le *Journal pour rire*, le *Cabinet de lecture*, le *Musée français-anglais*, le *Figaro*, le *Magasin des familles*, etc., etc., sans parler d'une foule de publications de librairie (2). Je sentais d'autant mieux la nécessité d'attirer le plus possible l'attention sur mon pseudonyme Nadar, — bref et mnémonique, — que j'avais plusieurs fois précédemment, pour des raisons qu'il serait inutile de citer ici, perdu le

(2) Pièces à l'appui.

bénéfice de la publicité de mon nom en signant d'initiales de longs travaux littéraires (la *Revue nouvelle*, 1845, *National* de 1850) (3).

(3) Pièces à l'appui.

Sous le titre *Panthéon Nadar*, j'ai fait paraître la première feuille d'une publication considérable, représentant les portraits-charges de toutes les célébrités littéraires, artistiques et savantes du dix-neuvième siècle, tant françaises qu'étrangères. Je travaille depuis quatre ans aux matériaux de cette collection, dont la première feuille contient seule 250 portraits, dont 6 à 700 esquisses d'après nature sont déjà exécutées pour l'ensemble des quatre feuilles de l'œuvré (4).

(4) Pièces à l'appui.

J'ai dépensé, outre mon travail d'artiste, une somme de près de sept mille francs pour les annonces de la première feuille parue (5), sans parler de la publicité gratuite que la bienveillante camaraderie des feuilletonistes a faite au nom Nadar (6).

(5)   ·FACTURES E. PANIS, 31 JUILLET 1854.
Pour annonces Panthéon Nadar, *Constitutionnel,*
Siècle,
Presse,
Pays. 1,935
Même date . .   4,824
                 6,759

(6) Pièces à l'appui.

Je publie depuis quatre ans des revues, textes et dessins de l'exposition des beaux-arts, sous le titre : *Nadar Jury au Salon de...* (7)

(7) Pièces à l'appui.

Pour ne pas poursuivre cette nomenclature, je puis dire que j'ai créé doublement ce pseudonyme Nadar, puisque j'ai pris le crayon avec la plume pour le faire connaître; qu'il me coûte des années de travail et de veilles; qu'il me coûte jusqu'à de l'argent, ainsi que je le disais tout à l'heure à propos des annonces du *Panthéon*, et qu'enfin il a absorbé à ce point mon nom de famille que sur cent lettres reçues par l'administration des postes à mon adresse, quatre-vingt-dix au moins sont adressées à M. Nadar, et non à M. Félix Tournachon.

Je joins ici plusieurs lettres de directeurs de journaux, d'éditeurs, de toutes les sommités des lettres et des arts (8), constatant qu'ils me connaissent depuis longues années, qu'ils ne connaissent que moi et qu'ils ne soupçonnaient pas d'autre Nadar au monde.

(8) Lettres, au dossier, adressées à M. Nadar par George Sand. — Théoph. Gautier. — Paul Lacroix. — Alph. Karr. — Alex. Dumas père. — Alex. Dumas fils. — Léon Gozlan. — Méry. — Eug. Scribe. — Michelet. — Sainte-Beuve. — Philarète Chasles. — Paul Féval. — Louis Viardot. — Laurent Pichat. — Francis Wey. — Emm. Gonzalez. — Molé-Gentilhomme. —

Je mets à présent M. Adrien Tournachon au défi d'établir qu'il ait jamais signé du nom Nadar livre, article, tableau ou dessin, jusqu'à l'époque de sa photographie, et ce défi à propos des œuvres de M. Ad. Tournachon, m'est réellement trop facile à porter.

Comme M. Ad. Tournachon est dans l'impossibilité absolue de répondre à ce défi, je crois la question de propriété du pseudonyme Nadar tranchée quant au fond. — Je vais au-devant des motifs que M. Ad. Tournachon a invoqués pour sa justification auprès de quelques intermédiaires que je lui ai adressés.

Bien que j'aie à toucher dans ce bref historique à des points délicats, je tâcherai d'oublier tout autre grief pour n'examiner que le fait strict du procès.

J'avais décidé M. Ad. Tournachon à accepter, en janvier 1854, la proposition d'un ami pour la création d'un établissement de photographie. Je lui en fournis les moyens en payant, chez M. Legray, son apprentissage (9), devant moi-même, selon nos conventions, prendre part à son entreprise.

Son installation à peine terminée, M. Ad. Tournachon me déclara qu'il pouvait se passer de moi. Je ne pus qu'accepter la rupture; mais comme j'utilisai immédiatement et simultanément (10) l'appartement avec jardin que j'occupe pour un établissement de photographie, au rez-de-chaussée, je mis M. Ad. Tournachon en demeure de renoncer *immédiatement* à inscrire mon nom Nadar sur ses montres, puisque je ne devais être pour rien dans sa maison, voulant ainsi, dès l'abord et comme par prescience, éviter toute confusion. Voici, sur ce point, copie d'une partie de la lettre que j'adressai alors à M. Ad. Tournachon (11) :

Ch. Nisard. — Hipp. Lucas. — J. de Prémaray. — Edm. Texier. — Pierre Bernard. — V. Meunier. — Altaroche. — Maxime Ducamp. — Arsène Houssaye. — De Goncourt. — Alex. Weill. — Henry Murger. — Louis Ulbach. — Darthenay. — Crétineau-Joly. — Pierre Dupont. — Ern. Alby. — Zaccone. — Aug. Luchet. — Ed. Plouvier. — Ch. Monselet. — R. de Beauvoir. — Ch. Matharel de Fiennes. — E. de Mirecourt. — Louis Lurine. — De Lalandelle. — Félix Mornand. — Chaalons d'Argé. — Mary Lafon. — Pitre Chevalier. — Villiaumé. — Aug. Vacquerie. — Julien Lemer. — Frédéric Thomas. — Arnould Fremy. — Th. de Banville. — De Vaulabelle. — Jules Lecomte. — Viennet. — De Cormenin. — Mmes Desbordes-Valmore. — Anaïs Ségalas. — Ch. Philipon. — Eug. Delacroix. — Dauzats. — Chasseriau. — Dantan jeune. — Philippe Rousseau. — Gavarni. — Cham. — Bertall. — Célestin Nanteuil. — Baron Taylor. — Luminais. — Elex. — Barre. — Ottin. — Durand Brager — E. Wattier. — Aug. Maquet. — Eug. Labiche. — Marc Michel. — Brisebarre. — Th. Barrière. — Clairville. — Eug. Nyon. — Offenbach. — Thalberg. — Vogel. — Nadaud. — Berlioz. — Dormeuil. — Marc Fournier. — Louis Boyer. — Arnauld. — Marquis de Varennes. — Prince A. Soltykoff. — Général Thierry. — Docteur Brière de Boismont, — Eug. Delessert. — Ed. Delessert. — Comtesse Dash. — Mme de Balzac. — Plon. — H. Souverain. — Philipon. — L. Perrée. — Léon Plée. — Paulin, — Panis — Sylvain Saint-Étienne. — Michel Lévy. — Plon, etc., etc., etc.

(9) Pièces à l'appui.

(10) Pièces à l'appui.

(11). . . . .
Mais, QUANT A MON NOM, JE NE PUIS NI NE VEUX ACCEPTER QU'IL FIGURE SUR L'ENSEIGNE DE VOTRE MAISON. CE NOM, C'EST MOI QUI L'AI CRÉÉ ET QUI L'AI FAIT MIEN : c'est ma signature, mon cachet, ma marque de fabrique, mon enseigne, et malgré ce qui se passe, d'ailleurs, je ne doute pas que vous ne vous empressiez de faire immédiatement droit à ma trop juste demande.

(Lettre adressée par M. F. T. Nadar à M. Adrien Tournachon, au commencement de l'été de 1853.)

À cette mise en demeure catégorique, M. Ad. Tournachon répondit vaguement qu'il retirerait le nom Nadar. Mais au lieu de cela, il se contenta d'y ajouter son propre nom, malgré mes plaintes réitérées qui lui furent plus d'une fois transmises.

Vers la fin de l'été, des amis communs opérèrent un rapprochement entre M. Ad. Tournachon et moi. M. Ad. Tournachon, dont l'état de ses affaires avait bien modifié les dispositions antérieures, me demanda de venir l'aider contre des difficultés auxquelles il ne pouvait plus seul faire face. Malgré ses instances pressantes et l'urgence, je ne pus que remettre à l'époque de la conclusion de mon mariage, alors très-proche, mon entrée chez lui, qui eut lieu le 21 septembre 1854. — Devant participer également aux bénéfices que nous pourrions faire produire à la maison, j'apportai tout ce qui fut en mon pouvoir : travail, argent, relations personnelles, et mon pseudonyme qui me suivait.

Quatre mois s'étaient à peine écoulés (16 janvier 1855) que M. Ad. Tournachon mettait fin à ma coopération qu'il avait si instamment demandée. Il m'apprit que j'étais *chez lui* : j'avais cru être chez nous ; je me retirai sans autres formalités, comptant pour liquider nos comptes, puisque nous ne pouvions nous entendre, sur son honnêteté à défaut d'un acte régulier dont l'idée ne m'était pas venue jusque-là vis-à-vis d'un frère.

Mais les difficultés augmentant entre nous, je dus proposer à M. Ad. Tournachon, pour éviter toutes communications avec lui, de prendre parmi nos amis deux arbitres (12).

(12).
LA PREMIÈRE DE CES QUESTIONS, ET LA PLUS IMPORTANTE, EST LA QUESTION DU NOM NADAR JEUNE. Ce n'est pas par esprit de tracasserie que je demande la suppression de ce nom, car mon intérêt de créancier est que la maison de mon frère fasse ses affaires, et il est bien clair, je pense, que ce serait me nuire à moi-même dans l'état des choses que de lui susciter des embarras ou difficultés. Mais à la suppression du nom *Nadar j^{ne}* que je demande, il y a des raisons très-sérieuses, que je t'ai communiquées. D'abord, le sort des affaires est chanceux : si mon frère tombe, j'ai tout lieu de désirer que ce pseudonyme, qui est mien, que j'ai créé, ne soit pas compromis par lui. Mon frère, qui m'a déclaré, chaque fois qu'il en a eu l'occasion, que ce nom n'était pour rien dans le succès de sa maison, n'y doit pas tenir, s'il est conséquent. Le nom Tournachon a toujours été accolé sur sa montre au nom Nadar, qui peut donc en disparaître sans inconvénient, et mon frère a des

Je ne veux entrer ici dans aucun détail sur cet arbitrage, les difficultés de sa constitution, les récusations et les lenteurs.

Il me fallut, en désespoir de cause, invoquer pour le constituer l'influence du nouvel associé même qui venait de me remplacer chez M. Ad. Tournachon (13).

Malgré mon insistance, M. Ad. Tournachon ne voulut accepter l'arbitrage que sur certains points (14) : et tout en déclarant *qu'il renoncerait au nom auquel il ne tenait pas du tout*, il voulait qu'on s'en rapportât à sa spontanéité. Il ajoutait qu'ayant porté mon nom, il se voyait contraint de le garder encore quelque temps pour arriver à ne plus porter que le sien. — Ce moyen, qui consistait à garder le nom Nadar pour habituer le public au nom Tournachon, était au moins bizarre, mais cette question du nom me semblait si claire et si facile à résoudre au premier jour, que pour arriver à quelque chose, comme disaient nos arbitres, comptant naïvement que l'arrêt de nos arbitres serait respecté, comme on en prenait l'engagement solennel), et que j'allais

griffes (estampilles) aux deux noms. Je n'ai pas le désir qu'il ait fait tirer, pour ne pas s'en servir, des cartes et têtes de lettres au nom Nadar : qu'il les épuise, s'il le veut, *mais à la condition expresse de n'en pas faire tirer d'autres*. Quant à sa montre, il sait qu'en deux heures il peut faire remplacer définitivement le nom Nadar par le sien. Si, ce que je ne crois pas, d'après le peu d'importance qu'il a toujours semblé attacher au nom Nadar, il prétendait, pour le garder, que c'est sur mon conseil qu'il l'a pris, je répondrais que je ne consentais à mettre ce nom en commun que dans des conditions qu'il a tout à fait changées entre lui et moi.

— Je demande donc la suppression IMMÉDIATE de ce nom sur les montres, et je suppose que mon frère aura trop de souci de sa dignité pour ne pas s'empresser de renoncer à une chose qui ne lui appartient pas et qui lui viendrait de moi.

(Lettre adressée par M. F. T. Nadar à MM. Cazelles et Trélat, choisis par lui et M. Ad. Tournachon comme arbitres amiables, 16 février 1855.)

(13) Monsieur, j'ai attendu lundi et mardi le mot de réponse que vous m'aviez promis, si je ne me suis pas trompé . . . . J'espérais avoir de vos nouvelles d'une façon ou d'une autre cette semaine. Craignant de la voir se terminer comme tant d'autres précédentes, et d'attendre encore la restitution de mon argent, de mon temps et de MON NOM, puisque j'ai laissé tout cela dans la maison de votre associé, je vous serai très-obligé de me répondre si je dois avoir l'honneur de me rencontrer avec vous, et si votre associé est enfin disposé à prendre les arbitres qu'il a récusés après les avoir acceptés, ou d'autres à leur place.

Tout le monde m'a dit que vous êtes un galant homme. C'est donc à votre honnêteté que je m'adresse pour que vous vous employiez à mettre terme à une situation que je ne peux ni ne veux prolonger plus longtemps... Vous seriez, j'en suis bien certain, d'après ce qu'on m'a dit de votre caractère, plus pressé que moi-même d'en finir avec cette situation, qui ne peut convenir ni à vous ni à moi, mais à un seul homme trop intéressé à ce que la lumière ne se fasse pas, et qui, triplement nanti de mon argent et de celui de ma femme, de mon temps et de MON NOM, etc...

. . . . Sinon veuillez simplement me répondre si votre associé, au bout de quatre mois, se décide enfin à prendre des arbitres et à terminer...

(Lettre adressée par M. F. T. Nadar à M. L...., associé de M. Ad. Tournachon, 11 mai 1855.)

. . . .

(14) Une troisième question, RELATIVE A LA PROPRIÉTÉ EXCLUSIVE DU PSEUDONYME NADAR, *avait été aussi proposée aux arbitres par M. Félix Tournachon; mais elle a été repoussée par M. Adrien Tournachon*; de sorte que les arbitres n'auront à donner leur avis que sur les deux premiers points, TOUTES RÉSERVES ÉTANT FAITES POUR LE TROISIÈME.

Approuvé l'écriture ci-dessus :
Félix Tournachou-Nadar. — Adrien Tournachon.
(Constitution des arbitres choisis par MM. T. Nadar et Ad. Tournachon, 25 mai 1855.)

enfin rentrer dans la somme d'argent avancée à grand'peine par moi pour étayer l'établissement du boulevard et dans le solde de mes émoluments, j'acceptai l'arbitrage tel que M. Ad. Tournachon le limitait, MAIS EN FAISANT EXPRESSÉMENT TOUTES MES RÉSERVES SUR LA PROPRIÉTÉ DE MON NOM (15 et 16).

Le jugement arbitral fut rendu seulement le 24 août dernier. Il condamnait M. Ad. Tournachon. Je n'ai pas à demander ici à M. Ad. Tournachon comment il a exécuté les engagements qu'il avait pris sur son honneur, et je laisse de côté des questions d'argent, d'un intérêt bien moindre pour moi que cette question du nom Nadar que M. Ad. Tournachon, malgré ses promesses, voulait se conserver.

J'appris, en effet, qu'il venait de commander à l'imprimerie Dondey-Dupré un nouveau tirage de plusieurs milliers de cartes au nom de Nadar jⁿᵉ. J'ai dit que M. Ad. Tournachon avait trouvé un associé : sa spoliation servait dès lors non-seulement à lui, mais à un homme qui m'était complétement étranger. Reculant encore devant l'emploi du papier timbré entre M. Ad. Tournachon et moi, j'adressai immédiatement à Mᵐᵉ Vᵉ Dondey-Dupré sommation par huissier de n'avoir à livrer ni tirage ni cliché à un nom qui était le mien (17). On tenta d'enlever de l'imprimerie les clichés par une supercherie qui avorta.

Je ne sais si M. Ad. Tournachon a fait faire d'autres clichés à mon nom : mais loin de me rendre ce nom ainsi qu'il l'avait d'abord promis, il le signe tous les jours, il s'en affuble pour se présenter aux journaux et aux récompenses de l'Exposition de l'industrie.

Un journal veut bien annoncer que le *célèbre*(?) Nadar vient d'être nommé photographe de S. M. l'Impératrice. — Un autre raconte que Nadar laisse là ses DESSINS et ses toiles pour faire de la photographie. (Ce dernier article, signé *comte Fœlix* et

(15) Le soussigné (Félix Tournachon-Nadar), qui avait demandé avec instance que les arbitres nommés prononçassent sur la propriété qu'il revendique du nom Nadar, *créé et porté par lui seul, uniquement et exclusivement depuis 1838*, proteste et fait toutes réserves, le sieur Ad. Tournachon ayant décliné les arbitres sur ce point, *dont un intérêt facile à comprendre lui faisait désirer de retarder la solution aussi longtemps que possible*, contre l'usurpation d'un titre qui est sa propriété.

Privé et empêché de soumettre cette question ainsi que celle du titre de l'établissement du sieur Ad. Tournachon : *Photographie artistique centrale.— Photographie des familles,* — qui lui appartient, IL PREND ACTE de sa demande réitérée de l'arbitrage *sur cette question,* et se borne, etc., etc.

Félix Tournachon-Nadar.

Paris, 10 juillet 1855.

(16) Quant aux autres comptes présentés par chacune des parties, les arbitres . . . . . . laissent aux parties à se pourvoir comme elles l'entendront, tant sur ces comptes que *sur la propriété du pseudonyme Nadar.*

P. Ch. Cazelles,   V. Trélat,
36, rue Trévise.   11, rue Geoffroy-Marie,

Paris, vingt-quatre août mil huit cent cinquante-cinq.

(17) L'an mil huit cent cinquante-cinq, le six mars, à la requête de M. Félix Tournachon, dit Nadar, homme de lettres et artiste, demeurant à Paris, rue Saint-Lazare, 113, pour lequel domicile est élu en sa demeure,

J'ai, André-Charles-Victor Chevalier, huissier au tribunal de première instance du département de la Seine, séant à Paris, y demeurant, rue Neuve-des-Petits-Champs, n° 42, soussigné, signifié et déclaré :

A madame veuve Dondey-Dupré, imprimeur, demeurant à Paris, rue Saint-Louis, au Marais, n° 46, en son domicile et parlant à un homme à son service ainsi déclaré;

Que c'est à tort et sans droit que le sieur Adrien Tournachon, artiste photographe, demeurant à Paris, boulevard des Capucines, n° 11, se fait appeler Nadar jeune ; que ce pseudonyme appartient au requérant seul et lui est toujours appartenu ; que celui-ci entend se pourvoir pour faire cesser cet abus ;

Qu'il vient d'apprendre que le sieur Adrien Tournachon a commandé à ladite dame veuve Dondey-Dupré l'impression de cartes et adresses dont la distribution causerait un préjudice au requérant ;

Qu'en conséquence, défenses lui sont faites d'avoir à imprimer les cartes et adresses dont il s'agit et de les livrer ainsi que les clichés audit sieur Adrien Tournachon ;

Et ce à peine de toutes pertes et dépens, dommages et intérêts.

reproduit depuis dans un autre journal avec le même pseudonyme nobiliaire, a été écrit sur la commande de mes adversaires et au prix de 25 francs, par un employé qui avait quitté alors ma maison.) — Le directeur d'une autre feuille, M. Muriel, de la *Presse théâtrale*, m'envoie avec une lettre des plus obligeantes pour mes feuilletons et mes caricatures, le numéro où il « s'est spontanément empressé, me dit-il, d'ouvrir sa publicité en bon confrère à *mon* nouvel établissement de photographie du boulevard. » — M. C..., dont j'ai été autrefois le collaborateur dans un journal, vient me faire gracieusement hommage d'un livre important, intitulé *Paris*, tiré à 20,000 chez Hachette, et dont la seconde édition va paraître, et où il a trouvé moyen d'insérer un magnifique éloge de *ma* maison de photographie du boulevard des Italiens, etc. — Je m'arrête. La défense aura le choix dans toutes les autres pièces que j'ai recueillies, pour ainsi dire sans les demander, et qui établissent l'importance du tort matériel et moral que me cause l'usurpation que je viens ici poursuivre (18).

Certes, il m'était facile de répondre publiquement à toutes ces obligeances irritantes. Pour ne prendre qu'un de ces journaux, je n'avais, par exemple, qu'à écrire à M. de Gonet, son directeur, surpris en cette circonstance, et à lui demander tout simplement s'il avait jamais connu d'autre Nadar que celui auquel il achetait l'année dernière deux volumes de nouvelles, qui lui dessinait sur sa demande des bois pour illustrer lui-même ce livre et avec lequel, il y a quelques jours à peine, il était en rapport pour des feuilletons à insérer dans son journal. Mes adversaires m'attaquaient là réellement sur mon terrain, et s'il fut jamais une plus belle occasion de publicité et de réclame, c'est celle qu'ils me donnèrent là, car dans le journalisme je puis me dire un peu chez moi. Je mets en fait qu'il n'est pas un journal grand ou petit, à Paris et même un peu ailleurs, où je n'aie des amis, et cette arme du journalisme, elle est plutôt mienne, je pense, qu'elle n'est

A ce que ladite dame veuve Dondey-Dupré n'en ignore, je lui ai, à domicile et parlant comme dessus, laissé copie du présent. Coût : cinq francs quarante centimes.

A. Chevalier,   Félix Tournachon-Nadar.

Enregistré à Paris, le sept mars, reçu deux francs vingt centimes.

Biart.

(18) Pièces à l'appui.

celle de mes adversaires. Je m'abstins pourtant,
malgré les tentations réitérées, malgré les offres
d'amis indignés que j'avais peine à empêcher de
répondre pour moi, et je laissai mes anciennes
connaissances perdues de vue, — ceux, si nom-
breux, avec lesquels j'avais eu les vagues relations
du monde, — toute cette clientèle bienveillante,
et spéciale à chacun de nous qui travaillons pour
distraire le public dans les journaux et les livres ;
— mieux que cela, je laissai ceux de mes amis qui
ne savaient rien de ces querelles se rendre à l'appel de ces annonces et de ces enseignes menteuses.
Je ne voulais pas de cette publicité que je pou-
vais cependant et si aisément faire plus éclatante
et plus productive que deux procès pour mon mo-
deste atelier photographique de la rue Saint-Lazare :
j'étais honteux à la pensée qu'on pût m'accuser,
qu'on me passe l'expression, de me tambouriner
une réclame sur cette peau-là, et tout en m'irri-
tant à chacun des délais judiciaires que mes adversaires épuisaient, je me consolais en pensant
au jour du débat qui finirait bien par venir. Que
mes adversaires aient bénéficié jusqu'ici de leur
usurpation, peu m'importe ; l'arrêt qui va me ven-
ger me suffit.

Je reviens aux enseignes de MM. Ad. Tournachon et C⁰. Les fonds d'un nouvel et troisième
associé lui permirent de prendre un autre établissement, mieux situé et disposé que le premier, sur
le boulevard des Italiens. Une nouvelle pancarte
étala alors mon nom en lettres gigantesques et à
son bénéfice.

Seulement, comptant par trop sur la répugnance
profonde que j'ai toujours manifestée à mettre du
papier timbré entre lui (sa société étant sous son nom)
et moi, c'est à peine maintenant si on indiquait en
caractères microscopiques l'apposition jne dont on
avait fait suivre jusqu'ici le nom Nadar (*). La vue

_____

(*) Je veux parler d'une énorme enseigne sur toile qui annonçait l'ouverture prochaine des SALONS ET ATELIERS de NADAR ; le jne était
imperceptible. Un coup de vent, qui se chargea d'être honnête à défaut des autres, enleva cette pancarte que des conseils prudents empê-
chèrent sans doute de replacer.

seule de cette nouvelle pancarte a pu m'expliquer
l'erreur de plusieurs personnes qui sont venues me
parler de cet établissement, le croyant mien. Le
déguisement se trouve ainsi complet, et grâce à mes
œuvres exposées dans son atelier à la place d'honneur et pour lesquelles on encaisse avec une mo-
destie touchante les éloges des visiteurs quand il y
a lieu, il n'y aura plus à se tromper demain, et
le faux Nadar du boulevard aura fait oublier que
le véritable existe avec son atelier et sa photographie
sans annonces ni enseignes dans un quartier à peu
près perdu.

Cette confusion, que MM. Ad. Tournachon et C⁶
ont réussi à établir, serait pourtant, si M. Ad.
Tournachon le voulait, comme il le dit quelque-
fois, m'assure-t-on, bien facile à éviter, puisque
signant toujours et exclusivement mon pseudonyme
Nadar, depuis plusieurs années, je lui laisse ainsi
à lui seul notre nom de famille. Mais en échange
de cette concession, toute volontaire de ma part,
je peux bien exiger qu'il me laisse uniquement et
absolument un nom que j'ai fait mien et auquel
il ne pourrait trouver une apparence de droit que
dans une répugnance qui a toujours reculé jusqu'au dernier moment devant des moyens qui me
coûteront plus qu'à lui, tout en me donnant gain
de cause. *Je ne veux permettre à personne d'expo-*
ser ce nom qui appartient à moi seul, ce nom, le
premier patrimoine que j'aie à léguer à mon enfant,
aux chances commerciales, et, sans entrer dans
d'autres raisons déterminantes, la question pour
moi est tellement profonde et au-dessus du tort que
peut porter à mes intérêts matériels une concurrence déloyale, que ce mémoire est une des pre-
mières pièces de mon instance au Conseil d'État
pour obtenir la substitution de mon pseudonyme
au nom, si honorable et respecté qu'il soit, que mon
père a laissé dans le commerce de la librairie.

M. Ad. Tournachon prétend, me dit-on, que
c'est moi aujourd'hui qui veux lui prendre SON
nom Nadar, auquel il a donné un grand éclat en

photographie. Il dit que j'ai attendu pour le revendiquer qu'il reluisît de toute sa splendeur, et qu'il
fût honoré d'une médaille à l'Exposition.

La question foncière et préalable de propriété
du nom me paraît avoir été plus que résolue. Il
suffisait de la poser.

Quant au mérite des photographies de M. Ad.
Tournachon, je ne l'envie pas plus que je ne le
conteste. Mais M. Ad. Tournachon sait combien
nous étions peu d'accord sur ce point, puisque
notre rupture est venue de notre manière toute
différente d'apprécier ces choses. Et si tel journal
fait l'éloge de M. Ad. Tournachon, tels autres sont
d'un avis tout contraire (19). — M. Ad. Tournachon
aurait aussi quelque peine à me donner comme
envieux de sa médaille, moi qui n'ai *pas voulu* ex-
poser (20).

J'admets que M. Nadar jne, photographe depuis
deux ans à peine, a fait seul connaître le nom de
Nadar aîné, journaliste et dessinateur depuis dix-
sept ans, mais quant à l'immense bénéfice qui doit
me revenir de rentrer dans mon nom, que M. Ad.
Tournachon a bien voulu porter, M. Ad. Tournachon sait trop, et depuis trop longtemps, avec
quelle obstination j'ai toujours voulu me dérober
à ce bienfait.

On me communique un autre système, et ce
système, mon adversaire l'essaye d'ailleurs depuis
assez longtemps vis-à-vis des clients qui vont chez
lui croyant venir chez moi, pour avoir fini par y
croire lui-même : M. Ad. Tournachon prétend
que c'est lui qui est moi. C'est lui qui est Nadar
(l'apposition jne est ici tout à fait supprimée);
c'est lui qui a fait mes dessins au *Charivari* et qui
travaille pour moi au *Journal pour rire*. C'est lui,
et il l'affirme, qui a fait le *Panthéon Nadar*.

Si l'assertion de M. Ad. Tournachon peut être
prouvée, voici ma revendication tout à l'heure
compromise. Je vais pourtant fournir moi-même à
M. Ad. Tournachon un moyen excellent de prouver son droit : — qu'il se rassure! je laisserai de

(19).
Il ne suffit pas d'avoir un frère ou un parent qui soit artiste
pour avoir le goût et le génie de l'art. Ce sont des qualités qui ne
se lèguent ni ne se vendent, et nous ne croyons pas que M. Ad.
Tournachon puisse se parer ou parer ses caricatures (de Debureau
ou Paul Legrand) du nom de *photographies artistiques*, etc., etc.
HERLING.
(LE PHOTOGRAPHE, Revue de la photographie française et étrangère, numéro
du 1er décembre 1855.)

(20) Pièces à l'appui.

côté le Nadar homme de lettres, bien qu'il compte peut-être ici pour moitié, et je ne demanderai pas à l'orthographe de mon adversaire d'écrire seulement une phrase des cinquante ou soixante volumes que j'ai éparpillés, si imparfaits qu'ils soient, en livres ou en journaux.

Je ne lui veux parler, à lui qui est artiste, dit-il, que du Nadar artiste, et voici le moyen que je lui propose : — Ce *Panthéon Nadar* que vous vous appropriez, que vous arborez chez vous, que vous avez fait, dont vous racontez l'enfantement et les difficultés, ce *Panthéon* et son principal intérêt, sans doute, reposent sur la ressemblance plus ou moins exacte des personnages qui s'y trouvent. Or, six cent vingt poëtes, historiens, romanciers, auteurs dramatiques, peintres, sculpteurs, musiciens, acteurs, etc., se sont prêtés à poser pour leur esquisse en cette collection ; six cent vingt esquisses ont donc été faites d'après nature. Nous ne nous ressemblons pas tellement au physique, vous et moi, qu'on ne nous distingue, n'est-ce pas ? Eh bien ! trouvez-moi un, un seul de ces six cent vingt personnages qui vienne dire : « C'est M. Ad. Tournachon que voici, devant qui, pour qui ou chez qui j'ai posé. C'est lui qui m'a exécuté ; c'est lui qui est Nadar. » — Produisez-en un, un seul sur six cents passés, — et c'est moi qui me retire devant vous et qui vous donne gain de cause (*) !

Vous rabattrez-vous sur l'esquisse générale de l'ensemble dont vous revendiquez l'exécution ? — Eh bien, prouvez que c'est vous qui avez dessiné chacun de ces hommes avec leurs habitudes de gestes, de corps et de costume ; expliquez-nous comment vous avez conçu et disposé vos groupes dans ce grand défilé qui a sa logique, telle qu'elle soit ; pourquoi vous avez mis à cette place le groupe des économistes, ici la phalange des critiques de théâtre, derrière eux les critiques musicaux, et dans ce coin les publicistes départementaux, — vous qui

---

(*) J'ai vendu huit mille francs ces croquis originaux à M. M... banquier. Ils sont à ma disposition et je les mets à celle de mon adversaire pour qu'il y trouve l'unique dessin *fait par lui* que je lui demande.

ne connaissez pas même les noms de ces hommes, vous qui n'avez de votre vie ouvert un journal ni un livre, vous qui me demandiez, il n'y a pas deux ans, « — de quel journal M. Émile de Girardin était rédacteur en chef? »

Revendiquez-vous les autres dessins que je livre au public? Prenez garde ici encore! je ne suis pas seul à mon atelier. Voici tel collaborateur qui y travaille sous ma direction depuis sept ans ; en voici un autre que j'occupe depuis trois ans; en voilà bien d'autres encore qui sont là lorsque la commande est trop nombreuse. Ils vont dire s'ils vous ont jamais vu apporter votre concours à notre œuvre, même dans les moments les plus pressés. Assurément, si les éditeurs viennent demander au caricaturiste Nadar autre chose que des idées plus ou moins comiques, des esquisses d'un mouvement plus ou moins heureux et le sentiment de la ressemblance caricaturale, s'ils lui demandent encore une exécution un peu finie et précieuse, un crayonnage agréable et habile, assurément ces collaborateurs que je viens de dire peuvent revendiquer quelque part du pseudonyme Nadar ; je la leur ai faite *publiquement* et spontanément à l'occasion, cette part, et elle est imprimée vive. Ceci ne fut jamais un mystère, et c'est le secret de presque tous les ateliers de lithographies, dessins sur bois et gravures. Mais ces collaborateurs sont là pour dire que vous n'avez jamais compté parmi nous, et tels d'entre eux ne vous ont même jamais vu.

Je suis aussi honteux, peut-être, que mon adversaire à cette heure, d'avoir à répondre à de semblables prétentions, vertige de l'envie et des sentiments mauvais, et de ne pouvoir me défendre d'y répondre avec quelque irritation. Mais ces mensonges, si évidents qu'ils soient, sont répétés chaque jour depuis longtemps : ils trouvent autour de leur auteur leurs propagateurs naturels et intéressés. La calomnie, si dénuée qu'elle soit du moindre sentiment des probabilités, persiste, s'acharne, s'exaspère elle-même et se fomente dans l'ombre, et on m'excusera peut-être d'avoir saisi

cette unique occasion, que je ne cherchais pas, de
lui répondre en face une fois pour toutes. Les
nécessités de la défense m'ont dû faire ici attaquer
mon adversaire un peu sur son terrain, malgré mes
intentions sincères à cet endroit. — Mais c'est à lui-
même que je demande encore lequel de nous deux,
après avoir fait nos intérêts divers d'abord, les a
faits hostiles ensuite? auquel de nous deux incom-
bent le scandale de ce procès, les inconvénients de
la publicité, si restreinte que je puisse la faire, des
quelques exemplaires de ce Mémoire? A lui dont
j'ai tant de fois invoqué le bon sens et l'équité, à
lui que j'ai supplié tant de fois de soumettre à des
arbitres *choisis par lui-même* cette question de propriété de mon nom que j'avais si fort à cœur, à
lui dont toutes mes instances n'ont pu fléchir l'obstination et éclairer l'aveuglement! C'est à lui-
même encore que je demande si ma réponse est
amère et blessante, si je me modère et si je m'abs-
tiens ici, après tant de diffamations et de calom-
nies acharnées qu'on ne me rapporte que trop
chaque jour!

Je n'ai plus à insister, et je laisserai mes trois
adversaires (*) prétendre qu'ils sont à eux trois mon
cadet, et que l'apposition J^{ns}, qu'ils feront ici plus
grosse que chez eux et sur leurs enseignes, diffé-
rencie suffisamment leur maison de la mienne.
Je m'explique que cette séparation leur paraisse
à eux assez large, et je comprends qu'ils s'en
contentent; mais je crois avoir établi qu'elle est
pour moi un peu trop insuffisante, et j'ai dit,
d'ailleurs, qu'il n'y avait pas seulement pour moi,
dans ce procès, une question d'intérêts matériels et
immédiats, de concurrence photographique. Gar-
dez donc votre nom patronymique, que je vous

(*) Je crois, d'après plusieurs avis, nécessaire de donner ici les noms des deux associés de M. Ad. Tournachon, musiciens tous deux,
tous deux répandus selon les relations que leur fait leur profession, tous deux ne me connaissant pas et tous deux naturellement disposés
à soutenir et propager les intérêts d'une maison où ils ont engagé leur argent : on comprend que l'action qu'ils peuvent exercer, me
serait d'autant plus préjudiciable, qu'elle semblerait désintéressée, si, par exemple, dans un intérêt ou dans un autre, il leur convenait de
cacher sous *l'anonyme leur qualité très-réelle et légale d'associés commanditaires de la maison A. Tournachon et C*.* — Ces deux
messieurs se nomment : JULES-LEFORT et LEFEBURE-VELY.

laisse en réalité jusqu'à ce que je vous l'abandonne complétement devant la loi. Mais votre droit s'arrête là. La parenté, si proche qu'elle soit, ne consacre pas votre usurpation, et votre titre de frère ne vous permet pas plus de partager mon pseudonyme qu'il ne vous donne le droit de prendre par force la moitié de mon manteau ni de mon lit. Je me réfugie dans mon droit contre cette fraternité que vous n'invoquez que pour me nuire, contre cette fraternité qui ne dit même plus : *Sois mon frère ou je te tue*, mais : *Sois mon frère pour que je te tue!*

Quant au dernier argument de la défense aux abois, la haute expérience pratique du Tribunal en fera prompte justice, comme elle l'a fait dans tous les précédents.

« J'ai *donné*, prétendent mes adversaires, mon
» nom à la maison; j'ai confirmé ce don par ma
» présence dans ladite maison et par *mon associa-*
» *tion*. Le nom sous lequel la maison s'est fait
» connaître lui appartient donc à tout jamais. »

Je vous ai *donné* mon nom? (donner un nom!)
Quand? — Est-ce que j'ai jamais signé Nadar aîné,
pour qu'il y ait un Nadar jeune? Est-ce lorsque vous
avez fondé votre établissement, en 1854, et que
je protestais immédiatement contre cette usurpation, ainsi que le prouve la pièce 11 de ce Mémoire? Mais vous oubliez qu'ici c'est vous qui allez
vous condamner : — vous l'avez pris vous-même,
et si bien pris, ce nom, que vous ne saviez pas
même l'écrire *et que vous y ajoutiez un D final
qu'il ne porte pas depuis longues années*. Si je vous
l'eusse donné, c'eût été tel que vous m'accorderez
peut-être que je sais le signer moi-même.

*J'ai été associé plus tard dans votre maison, qui
portait ce nom...* J'ai apporté avec moi, chez vous,
ce pseudonyme, qui est, comme on sait, plus mon
nom que mon nom même. Assurément, et lors
même que je ne l'eusse pas voulu, il m'eût été dif-

ficile de faire autrement et de me débaptiser (je ne
trouve pas d'autre mot). Mais notre association (si
association il y a eu, et j'y reviens à l'instant) qui
n'a pas beaucoup duré, du 21 septembre au 16 janvier, cette association est rompue depuis longtemps,
que je sache. Depuis longtemps vous devriez ne plus
le porter, mon nom, et pour poser la question sous
un jour bien clair et éviter toute ambiguïté, admet-
tons pour un instant l'association, l'association entre
vous, M. Ad. Tournachon, et moi, M. Bernard,
qui ne vous suis pas plus parent que le nom Nadar
n'est parent du nom Tournachon. Votre association
avec M. Bernard se rompt pour une cause ou pour
une autre; M. Bernard se retire, et il remporte
ses apports et son nom, que vous n'avez plus le
droit de garder, le nom de Bernard emporté vous
enlevât-il jusqu'au dernier de vos clients. Ce cas se
présente tous les jours et la solution est élémentaire.

Mais depuis quand parlez-vous d'association entre
nous? Vous savez bien qu'il n'y en a jamais eu;
vous savez bien que moi, qui y croyais, à notre association, je n'ai pu me faire accepter par vous
comme associé; que lorsque j'invoquai auprès de
vous mon titre d'associé que vous me déniiez, vous
me demandâtes, vous, mon frère : — Où EST TON
PAPIER QUI LE PROUVE?... Vous savez bien que nos
arbitres amiables n'ont pu qualifier que de *coopération* l'association que vous invoqueriez un peu tard
aujourd'hui! Ce n'est pas moi qui, après vous et
même aujourd'hui, vous dirais que notre association *n'a jamais été écrite* et vous demanderais où
EST LE PAPIER QUI LA PROUVE; mais un associé a-t-il
au moins quelques droits, un associé se constate-t-il
par une manifestation quelconque, un associé ne
se laisse-t-il pas chasser comme on ne chasserait
pas un employé infidèle? C'est encore à vous-
même que je m'adresse et que je demande :
Quand ai-je été votre associé? — Est-ce quand.....
Mais ici j'irais malgré moi trop loin et je tomberais
dans les accusations que j'ai résolu d'éviter dans ce
Mémoire. Enfin n'a qu'un but déterminé.

3

Ne l'invoquez plus, au moins, cette association qui n'a jamais existé, cette association méconnue et reniée par vous; vous avez trop bien pris vos précautions pour la détruire et vous en chercheriez en vain un vestige pour tâcher d'en tirer aujourd'hui bénéfice.

Le préjudice que me cause depuis trop long-temps l'ambiguïté de nom que je me suis décidé à poursuivre est notoire, il est de tous les jours, il s'explique de lui-même, et il appert du simple exposé des faits et de la position respective de l'établissement de M. Ad. Tournachon, situé en plein boulevard, avec montres et enseignes, et de mon établissement caché dans une maison bourgeoise d'une rue éloignée. Le public, et j'en ai trop de preuves, ne s'inquiète pas de l'apposition j^{ne}. Il ignore si ce n'est pas moi qui ai un frère aîné, et ceux qui désirent leur photographie faite par Nadar, vont où est écrit en grosses lettres le nom Nadar. Au reste, mes adversaires eux-mêmes ont placé la cause sur son véritable terrain : la question, telle qu'ils ont eu la naïveté de la poser eux-mêmes, est de savoir lequel de nous, eux ou moi, est Nadar, et ceci appert des termes mêmes de leur opposition au premier jugement qui les condamnait par défaut (audience du   , M. Lucy Sédillot, président); cette opposition est signifiée *au nom de MM. Ad. Tournachon Nadar* (tout court, on n'ajoute plus, même en tout petit, les trois lettres j^{ne}) à *M. Félix Tournachon*, SE DISANT NADAR ET HOMME DE LETTRES. Voyons donc si la notoriété du Nadar photographe a tellement éclipsé celle du Nadar, membre de la Société des Auteurs Dramatiques depuis treize ans, membre de la Société des Gens de Lettres depuis douze, membre enfin de la Société des Artistes Peintres et de celles des Artistes et Inventeurs Industriels depuis six ans, qu'il ne doive plus être question de ce *soi-disant Nadar, homme de lettres*. Si vous êtes reconnus Nadar aujourd'hui, vous m'aurez biffé, et c'est vous qui demain aurez le droit de me faire un procès pour m'empêcher de porter ce nom. Je suis bien forcé d'ajouter moi-même qu'il faut que mes adversaires attachent une singulière valeur commerciale, photographiquement, c'est-à-dire artistiquement parlant, à ce nom, puisque le nom de Tournachon ayant toujours été accolé sur leurs enseignes au nom Nadar, leurs épreuves ayant été aussi souvent signées d'un nom que d'un autre, ils sont, comme photographes, aussi connus du public sous l'autre que sous l'un. Or je leur ai depuis longtemps abandonné complétement l'un, moi qui n'ai aucun intérêt à une confusion entre eux et moi : s'ils sont dans les mêmes sentiments, et si leur concurrence veut rester loyale, que ne me laissent-ils tout simplement l'autre?

L'évidence du droit m'a paru tellement suffisante que, pour éviter de passionner davantage ce triste débat, je n'ai voulu joindre ici aucune preuve justificative (*) ni invoquer des témoignages trop accablants pour mes adversaires : mais si la question, qui m'a semblé toute tranchée sur le *point de droit*, doit l'être encore sur le *point de fait*, s'il peut rester dans l'esprit du Tribunal le moindre doute sur la portée de ce préjudice et sur sa nature, *je m'engage et je demande à produire des preuves éclatantes sur lesquelles le tribunal, complétement éclairé quant à la loyauté et la moralité de la concurrence de mes adversaires, pourra alors en toute certitude établir sa décision.*

Je ne veux cependant pas demander à M. Ad. Tournachon, ni à ses associés qu'il couvre, la réparation de l'incontestable dommage qu'il m'a déjà porté, résolu jusqu'ici à écarter en cette affaire entre lui et moi toute question d'argent, de même que je me suis abstenu de l'intervention légale pour obtenir contre lui l'exécution de la sentence arbi-

---

(*) Selon les besoins de la défense, mon agréé, ici encore, n'aura qu'à choisir dans la quantité de témoignages écrits que j'ai dû lui remettre, pour établir le préjudice qui m'est causé : quelques-unes de ces pièces, toutes signées de noms honorables, et provenant de clients qui sont allés au boulevard croyant venir chez moi, accusent de la part de mes adversaires un tel oubli de certains principes élémentaires que j'ai renoncé, pour moi personnellement, à les insérer ici. Elles sont à mon dossier, où elles restent comme pièces à l'appui.

trale qui le condamne. Mais on m'accordera que, devant l'extension et l'envahissement de cette ambiguïté, il ne m'était plus permis d'hésiter, et puisque M. Ad. Tournachon s'est constamment dérobé à toutes les mises en demeure que j'ai énumérées plus haut (*), je demande au Tribunal la suppression absolue et immédiate du nom Nadar sur les enseignes, montres, cartes ou prospectus du sieur Ad. Tournachon et Cᵉ; l'interdiction à lui de jamais se servir de ce nom, sous quelque forme et de quelque manière que ce soit; l'insertion à ses frais du jugement dans quatre journaux de Paris, et quatre des départements, à mon choix, et l'affichage dudit jugement aux deux siéges de son établissement.

Je prie encore et instamment le Tribunal de vouloir bien me donner acte dans ses considérants, s'il le juge à propos, de mes instances réitérées auprès de M. Ad. Tournachon, pour obtenir de lui que notre dissentiment n'arrivât pas aux extrémités où il se trouve aujourd'hui.

Je veux terminer comme j'ai commencé, en protestant contre la position de demandeur qu'on m'a forcé de prendre et contre un système d'exploitation qui a compté jusqu'au dernier moment sur ma répugnance légitime à ne pas revendiquer ici mon droit.

FÉLIX TOURNACHON-NADAR,
113, rue Saint-Lazare.

(*) La confiance imperturbable avec laquelle les deux associés de la maison de M. A. Tournachon et Cᵉ se sont jetés dans un procès dont on leur avait évidemment dissimulé et déguisé les éléments, paraît néanmoins depuis peu s'être ébranlée. Ces messieurs (commenceraient-ils à voir clair?) ont bien voulu me faire proposer ces jours derniers un arrangement, d'après lequel ils renonçaient au nom Nadar. Seulement, on demandait que je renonçasse également à ce nom. — Cette condition inattendue a fait généralement l'effet d'une plaisanterie médiocre, et je ne parlerais pas ici de cet incident presque comique, si, dans l'offre même de cette parodie du jugement de Salomon, ne se révélait trop évidemment *la fausse mère*.

Paris. — Typ. de Mᵐᵉˢ Vᵉ Dondey-Dupré, rue Saint-Louis, 46.